*"Travels in Literature: A Compilation of 30 Short Stories"
offers a rich tapestry of diverse narratives designed to
captivate and inspire readers of all levels of
sophistication. From enchanting fantasies to enigmatic
mysteries, each story offers a unique opportunity to
explore different genres and writing styles.
Whether you're taking your first steps into the world of
literature or looking to expand your literary horizons,
this anthology promises something captivating for every
reader. Each story is precisely crafted to offer a
balanced mix of accessibility and suspense, ensuring an
enriching experience that encourages vocabulary growth
and comprehension.
Through themes such as adventure, romance, science
fiction and horror, Journeys in Literature invites readers
to embark on a literary odyssey full of unexpected twists
and unforgettable characters. Ideal for cozy evenings
with a book or stimulating conversations in book clubs,
this collection guarantees hours of entertainment and
enlightenment for readers of all ages and backgrounds.*

Summary

① Kadir, the Hunter

In a quiet village on the edge of a lush forest lived a young man named Kadir. Kadir was known as the most skilled hunter in the village, with a keen eye and a steady hand.

One day, Kadir heard a story about a mystical creature that lived deep in the forest. It was said that it was a deer with fur as white as snow and antlers that shone like gold. The villagers believed that whoever could catch this creature would have a single wish granted.

Intrigued by the legend, Kadir decided to set out on a journey to find the mystical deer. He packed his bag with the essentials and his trusty bow and arrows. As he set off into the forest, the trees seemed to whisper stories about the mystical deer.

Days passed into weeks and Kadir faced many challenges. He had to navigate dangerous terrain, fight wild animals and endure harsh weather conditions. But Kadir's determination did not waver.

One cold morning, as the sun began to peek through the trees, Kadir spotted a glow in the distance. His heart pounded in his chest as he approached and saw the mystical stag standing majestically in a clearing. Kadir slowly reached for an arrow, but when he looked into the deer's eyes, he saw a creature of such beauty and serenity that he could not bring himself to aim his arrow. He realized that the true beauty of the forest lay not in conquering it, but in coexisting with it.

Kadir returned to his village not with the mystical deer, but with a new respect for the forest and its creatures. He shared his experience with the villagers, who were inspired by his wisdom. From that day on, Kadir was known not only as the best hunter, but also as the protector of the forest.

1 Καντίρ Ο κυνηγός

Σε ένα ήσυχο χωριό στην άκρη ενός καταπράσινου δάσους, ζούσε ένας νεαρός που λεγόταν Καντίρ. Ο Καντίρ ήταν γνωστός ως ο πιο επιδέξιος κυνηγός του χωριού, με κοφτερό μάτι και σταθερό χέρι.

Μια μέρα, ο Kadir άκουσε μια ιστορία για ένα μυστικιστικό πλάσμα που ζούσε βαθιά μέσα στο δάσος. Λέγεται ότι ήταν ένα ελάφι με παλτό λευκό σαν το χιόνι και κέρατα που έλαμπαν σαν χρυσάφι. Οι κάτοικοι του χωριού πίστευαν ότι όποιος μπορούσε να πιάσει αυτό το πλάσμα θα πραγματοποιούνταν μια μόνο επιθυμία.

Ενδιαφερόμενος από τον θρύλο, ο Kadir αποφάσισε να ξεκινήσει ένα ταξίδι για να βρει το μυστικιστικό ελάφι. Ετοίμασε την τσάντα του με τα απαραίτητα και το έμπιστο τόξο και τα βέλη του. Καθώς έμπαινε στο δάσος, τα δέντρα φαινόταν να ψιθυρίζουν ιστορίες για το μυστικιστικό ελάφι.

Οι μέρες έγιναν εβδομάδες και ο Kadir αντιμετώπισε πολλές προκλήσεις. Έπρεπε να περιηγηθεί σε δύσκολα εδάφη, να αντιμετωπίσει άγρια ζώα και να υπομείνει τις δύσκολες καιρικές συνθήκες. Όμως η αποφασιστικότητα του Καντίρ δεν αμφιταλαντεύτηκε.

Ένα κρύο πρωινό, καθώς ο ήλιος άρχισε να κρυφοκοιτάει μέσα από τα δέντρα, ο Καντίρ εντόπισε μια λάμψη στο βάθος. Η καρδιά του χτυπούσε δυνατά στο στήθος του καθώς πλησίαζε και είδε το μυστικιστικό ελάφι να στέκεται επιβλητικά σε ένα ξέφωτο.

Ο Καντίρ άπλωσε αργά ένα βέλος, αλλά καθώς κοίταξε στα μάτια του ελαφιού, είδε ένα πλάσμα τέτοιας ομορφιάς και γαλήνης που δεν μπορούσε να βάλει τον εαυτό του να στοχεύσει το βέλος του. Συνειδητοποίησε ότι η αληθινή ομορφιά του δάσους δεν ήταν στην κατάκτηση του, αλλά στη συνύπαρξη μαζί του.

Ο Kadir επέστρεψε στο χωριό του, όχι με το μυστικιστικό ελάφι, αλλά με έναν νέο σεβασμό για το δάσος και τα πλάσματα του. Μοιράστηκε την εμπειρία του με τους χωρικούς, οι οποίοι εμπνεύστηκαν από τη σοφία του. Από εκείνη την ημέρα και μετά, ο Kadir δεν ήταν μόνο γνωστός ως ο καλύτερος κυνηγός, αλλά και ως προστάτης του δάσους.

The honest man

Once upon a time, in a busy city, there lived a notorious thief named Hassan. Hassan was known for his stealth and cunning, but he grew tired of his life as a criminal.

One day, Hassan decided to change his life. He wanted to earn an honest living instead of stealing. He found a job at a local bakery, where he was tasked with baking bread and pastries.

At first, Hassan had a hard time adjusting to his new job. He wasn't used to getting up early, working hard and dealing with customers. He missed the thrill of his old life and was tempted to go back to his thieving ways.

But Hassan was determined to change. He worked hard, learned from his mistakes and slowly became a skilled baker. He enjoyed the smell of fresh bread in the morning and the smiling faces of customers when they tasted his pastries.

One day, the bakery was robbed. Hassan was devastated. He knew the pain of losing hard-earned money. He decided to use his old skills to catch the thief.

Hassan was able to track down the thief and recover the stolen money. He returned it to the bakery, and the grateful owner rewarded him with a promotion.

From that day on, Hassan was no longer known as a thief, but as a hardworking and honest man. He realized that the satisfaction of earning an honest living was far greater than any thrill he had experienced as a thief.

2 Ο έντιμος άνθρωπος

Μια φορά κι έναν καιρό, σε μια πολύβουη πόλη, ζούσε ένας διαβόητος κλέφτης ονόματι Χασάν. Ο Χασάν ήταν γνωστός για την κρυφότητα και την πονηριά του, αλλά είχε βαρεθεί την εγκληματική ζωή του.

Μια μέρα, ο Χασάν αποφάσισε να αλλάξει τρόπο. Ήθελε να κερδίσει μια τίμια ζωή αντί να κλέβει. Βρήκε δουλειά σε ένα τοπικό αρτοποιείο, όπου του ανατέθηκε να ψήνει ψωμί και αρτοσκευάσματα.

Στην αρχή, ο Χασάν δυσκολεύτηκε με τη νέα του δουλειά. Δεν είχε συνηθίσει να ξυπνάει νωρίς, να δουλεύει σκληρά και να ασχολείται με πελάτες. Του έχασε τη συγκίνηση της παλιάς του ζωής και μπήκε στον πειρασμό να επιστρέψει στους κλεφτικούς του τρόπους.

Όμως ο Χασάν ήταν αποφασισμένος να αλλάξει. Δούλεψε σκληρά, έμαθε από τα λάθη του και σιγά σιγά έγινε επιδέξιος αρτοποιός. Απολάμβανε τη μυρωδιά του φρέσκου ψωμιού το πρωί και τα χαμόγελα στα πρόσωπα των πελατών όταν δοκίμαζαν τα γλυκά του.

Μια μέρα, το αρτοποιείο λήστεψαν. Ο Χασάν ήταν συντετριμμένος. Ήξερε τον πόνο της απώλειας των χρημάτων που κέρδισε με κόπο. Αποφάσισε να χρησιμοποιήσει τις παλιές του ικανότητες για να πιάσει τον κλέφτη.

Ο Χασάν κατάφερε να εντοπίσει τον κλέφτη και να ανακτήσει τα κλεμμένα χρήματα. Το επέστρεψε στο αρτοποιείο και ο ευγνώμων ιδιοκτήτης τον αντάμειψε με προαγωγή.

Από εκείνη την ημέρα και μετά, ο Χασάν ήταν γνωστός όχι ως κλέφτης, αλλά ως ένας εργατικός και έντιμος άνθρωπος. Συνειδητοποίησε ότι η ικανοποίηση του να κερδίσει μια τίμια ζωή ήταν πολύ μεγαλύτερη από οποιαδήποτε συγκίνηση που είχε βιώσει ως κλέφτης.

3 The friends

In a small town there lived two neighbors named Ahmed and Karim. They were always quarreling with each other because of their differences of opinion over the smallest things. Their houses were next to each other, but they never exchanged a friendly word.

One day, a construction company came to town to build a park. The company accidentally built part of the park on Ahmad's land. Ahmed was angry and decided to sue the company. However, he needed a witness to prove that the land belonged to him.

Despite their differences, Karim was the only one who could help Ahmed. He had lived next door to Ahmed for years and knew the boundaries of their property. Ahmed swallowed his pride and asked Karim for help. Karim was surprised by Ahmed's request. At first he thought about refusing, but he realized that it was an opportunity to repair their relationship. He agreed to be a witness for Ahmed.

In court, Karim testified truthfully about the boundaries of their property. His testimony helped Ahmed win the case. Ahmed was grateful to Karim and thanked him for his help.

From that day on, Ahmed and Karim became friends. They realized that their differences were irrelevant and decided to support each other instead. Their houses were still next to each other, but this time they were also linked in friendship.

3   Οι φίλοι

Σε μια μικρή πόλη ζούσαν δύο γείτονες που ονομάζονταν Ahmed και Karim. Ήταν πάντα σε αντίθεση μεταξύ τους λόγω των διαφωνιών τους για τα πιο μικρά πράγματα. Τα σπίτια τους ήταν το ένα δίπλα στο άλλο, αλλά δεν αντάλλαξαν ποτέ φιλική κουβέντα.

Μια μέρα, μια κατασκευαστική εταιρεία ήρθε στην πόλη για να φτιάξει ένα πάρκο. Η εταιρεία έχτισε κατά λάθος ένα μέρος του πάρκου στη γη του Ahmed. Ο Ahmed ήταν έξαλλος και αποφάσισε να μηνύσει την εταιρεία. Ωστόσο, χρειαζόταν μάρτυρα για να αποδείξει ότι η γη ήταν δική του.

Παρά τις διαφορές τους, ο Καρίμ ήταν ο μόνος που μπορούσε να βοηθήσει τον Αχμέντ. Έμενε χρόνια δίπλα στον Αχμέτ και γνώριζε τα όρια των περιουσιών τους. Ο Αχμέτ κατάπιε την περηφάνια του και ζήτησε βοήθεια από τον Καρίμ.

Ο Καρίμ εξεπλάγη από το αίτημα του Αχμέτ. Σκέφτηκε να αρνηθεί, αλλά συνειδητοποίησε ότι ήταν μια ευκαιρία να φτιάξουν τη σχέση τους. Συμφώνησε να γίνει μάρτυρας του Αχμέντ.

Στο δικαστήριο, ο Καρίμ κατέθεσε με ειλικρίνεια για τα όρια των περιουσιών τους. Η κατάθεσή του βοήθησε τον Αχμέντ να κερδίσει την υπόθεση. Ο Αχμέτ ήταν ευγνώμων στον Καρίμ και τον ευχαρίστησε για τη βοήθειά του.

Από εκείνη την ημέρα και μετά, ο Ahmed και ο Karim έγιναν φίλοι. Συνειδητοποίησαν ότι οι διαφωνίες τους ήταν ασήμαντες και αποφάσισαν να στηρίξουν ο ένας τον άλλον. Τα σπίτια τους ήταν ακόμα το ένα δίπλα στο άλλο, αλλά αυτή τη φορά, ήταν και στενά φιλικά.

The warm coat

Once upon a time, in a busy city, there lived a homeless old man named Fariss. He was known for his kind heart and cheerful spirit despite his circumstances.

One cold winter day, while looking for something warm to wear, Fariss came across a discarded coat in a dumpster. It was a little worn, but it was thick and would surely keep him warm. Grateful for his discovery, he quickly put it on.

As he put his hands in his pockets to protect them from the cold, he felt something unexpected. It was a wad of banknotes. He pulled them out and couldn't believe his eyes. It was more money than he had ever held in his hands.

Fariss faced a dilemma. He could use the money to buy food and shelter, but he also knew that the money was not rightfully his. After careful consideration, he decided to do what he thought was right.

The next day, he went to the local police station and handed over the money, explaining how he had found it. The police were surprised and touched by Fariss' honesty. They promised to find the rightful owner.

News of Fariss' honesty spread throughout the city. People were moved by his story and began to help him. Some offered him food, others gave him clothes, and one kind man even offered him a job in his shop.

In the end, Fariss, who had lived his life in poverty, found himself surrounded by the warmth of the townspeople. His honesty had not only changed his life, but also reminded everyone of the value of honesty and integrity.

4   **Το ζεστό παλτό**

Μια φορά κι έναν καιρό, σε μια πολύβουη πόλη, ζούσε ένας άστεγος γέρος που λεγόταν Φάρις. Ήταν γνωστός για την ευγενική του καρδιά και το χαρούμενο πνεύμα του παρά τις περιστάσεις του.

Μια κρύα χειμωνιάτικη μέρα, καθώς ο Φάρις έψαχνε για κάτι ζεστό να φορέσει, έπεσε πάνω σε ένα πεταμένο παλτό σε έναν κάδο απορριμμάτων. Ήταν λίγο φθαρμένο, αλλά ήταν παχύ και σίγουρα θα τον κρατούσε ζεστό. Ευγνώμων για το εύρημα του, το φόρεσε γρήγορα.

Καθώς γλίστρησε τα χέρια του στις τσέπες για να τα προστατεύσει από το κρύο, ένιωσε κάτι απροσδόκητο. Ήταν μια δέσμη από σημειώσεις. Τα έβγαλε και δεν πίστευε στα μάτια του. Ήταν περισσότερα χρήματα από όσα είχε κρατήσει ποτέ στα χέρια του.

Ο Φάρις βρέθηκε μπροστά σε ένα δίλημμα. Μπορούσε να χρησιμοποιήσει τα χρήματα για να αγοράσει φαγητό και στέγη, αλλά ήξερε επίσης ότι τα χρήματα δεν ήταν δικαιωματικά δικά του. Μετά από πολλή σκέψη, αποφάσισε να κάνει αυτό που ένιωθε σωστό.

Την επόμενη μέρα, πήγε στο τοπικό αστυνομικό τμήμα και παρέδωσε τα χρήματα εξηγώντας πώς τα βρήκε. Η αστυνομία ξαφνιάστηκε και συγκινήθηκε από την ειλικρίνεια του Φάρις. Υποσχέθηκαν να βρουν τον νόμιμο ιδιοκτήτη.

Τα νέα για την ειλικρίνεια του Φάρις διαδόθηκαν σε όλη την πόλη. Οι άνθρωποι συγκινήθηκαν από την ιστορία του και άρχισαν να τον βοηθούν. Άλλοι του πρόσφεραν φαγητό, άλλοι του έδιναν ρούχα και ένας ευγενικός άντρας του πρόσφερε ακόμη και δουλειά στο κατάστημά του.

Στο τέλος, ο Φάρις, που είχε ζήσει μια ζωή φτώχειας, βρέθηκε περιτριγυρισμένος από τη ζεστασιά των κατοίκων της πόλης. Η ειλικρίνειά του όχι μόνο είχε αλλάξει τη ζωή του αλλά υπενθύμισε επίσης σε όλους την αξία της ειλικρίνειας και της ακεραιότητας.

5 City Champion

In a busy city, there was a stray named Max. Max was often chased away by the people around him. Despite his friendly nature, he was always seen as a nuisance.

One day, Max was wandering near a river when he saw a small child struggling in the water. Without hesitation, Max jumped into the river. He swam toward the child, grabbed the child's shirt with his teeth and pulled him to the bank.

By the time Max managed to pull the child out of the water, a crowd had gathered. The child was unconscious but breathing. An ambulance was called and the child was taken to the hospital.

News of Max's heroic act spread throughout the city. The child he saved was the mayor's son. The mayor was so grateful to Max that he decided to adopt him. Max, who had once been banished by everyone, now lived in the mayor's house.

The mayor organized a big ceremony to honor Max. The whole town was invited. Max was awarded the title of "City Champion." From that day on, Max was no longer a stray. He was a hero, loved and respected by all.

5 Πρωταθλητής Πόλης

Σε μια πολυσύχναστη πόλη, υπήρχε ένα αδέσποτο σκυλί με το όνομα Μαξ. Ο Μαξ αποδιώχτηκε συχνά από τους ανθρώπους γύρω του. Παρά τη φιλική του φύση, τον έβλεπαν πάντα ως ενοχλητικό.

Μια μέρα, ο Μαξ περιπλανιόταν κοντά σε ένα ποτάμι, όταν παρατήρησε ένα μικρό παιδί να αγωνίζεται στο νερό. Χωρίς δεύτερη σκέψη, ο Μαξ πήδηξε στο ποτάμι. Κολύμπησε προς το παιδί, άρπαξε το πουκάμισο του παιδιού με τα δόντια του και το τράβηξε προς την ακτή.

Ένα πλήθος είχε μαζευτεί τη στιγμή που ο Μαξ κατάφερε να τραβήξει το παιδί έξω από το νερό. Το παιδί ήταν αναίσθητο, αλλά ανέπνεε. Κλήθηκε ασθενοφόρο και το παιδί μεταφέρθηκε στο νοσοκομείο.

Η είδηση της ηρωικής πράξης του Μαξ διαδόθηκε σε όλη την πόλη. Το παιδί που είχε σώσει ήταν γιος του δημάρχου. Ο δήμαρχος ήταν τόσο ευγνώμων στον Μαξ που αποφάσισε να τον υιοθετήσει. Ο Μαξ, που κάποτε τον έδιωξαν όλοι, έμενε τώρα στο σπίτι του δημάρχου.

Ο δήμαρχος διοργάνωσε μια μεγαλειώδη τελετή για να τιμήσει τον Μαξ. Όλη η πόλη ήταν καλεσμένη. Ο Μαξ τιμήθηκε με τον τίτλο του «Πρωταθλητή της πόλης». Από εκείνη την ημέρα και μετά, ο Μαξ δεν ήταν πια αδέσποτος σκύλος. Ήταν ένας ήρωας, αγαπητός και σεβαστός από όλους.

6 The Brave

Once upon a time in a small village lived a humble farmer named John and his young son Sam. Sam was a lively boy with a heart full of dreams. Unlike his father, who was content with his peaceful life, Sam longed for adventure and fame. He dreamed of becoming a soldier.

John, however, was worried about his son's aspiration. The life of a soldier was full of dangers and uncertainties. He tried to dissuade Sam, but the young boy's determination was unshakable.

Years passed and Sam grew into a strong and brave young man. Against all odds, he left his father and the farm to join the army. John was heartbroken but proud of his son's determination.

Sam trained hard and soon became an experienced soldier. His courage and dedication were recognized by his superiors and he was sent to the front.

One day, during a fierce battle, Sam noticed a wounded comrade stranded in no man's land. Without hesitation, Sam rushed into the thick of the battle, amid flying bullets and explosions. He reached the injured soldier, lifted him onto his shoulders and brought him to safety.

News of Sam's bravery reached his village. John, who had been anxiously awaiting news of his son, was overwhelmed with pride. His son, whom he feared would not survive the hard life of a soldier, had not only survived but had become a hero.

From that day on, Sam was celebrated as the champion of the village. The boy who had fought against all odds to achieve his dream, saved a life, and earned the respect of his entire village. And to John, his son was not just a soldier, but a true hero.

6   Ο γενναίος

Μια φορά κι έναν καιρό, σε ένα μικρό χωριό, ζούσε ένας ταπεινός αγρότης ονόματι Γιάννης και ο μικρός γιος του, ο Σαμ. Ο Σαμ ήταν ένα ζωηρό αγόρι με καρδιά γεμάτη όνειρα. Σε αντίθεση με τον πατέρα του, που ήταν ικανοποιημένος με την ήρεμη ζωή του, ο Σαμ λαχταρούσε για περιπέτεια και δόξα. Ονειρευόταν να γίνει στρατιώτης.

Ο Γιάννης, ωστόσο, ανησυχούσε για τη φιλοδοξία του γιου του. Η ζωή ενός στρατιώτη ήταν γεμάτη κινδύνους και αβεβαιότητα. Προσπάθησε να αποτρέψει τον Σαμ, αλλά η αποφασιστικότητα του νεαρού αγοριού ήταν ακλόνητη.

Τα χρόνια πέρασαν και ο Σαμ μεγάλωσε σε έναν δυνατό και γενναίο νεαρό άνδρα. Παρά τις πιθανότητες, άφησε πίσω του τον πατέρα του και τη φάρμα για να πάει στο στρατό. Ο Τζον ήταν αποκαρδιωμένος αλλά περήφανος για την αποφασιστικότητα του γιου του.

Ο Σαμ εκπαιδεύτηκε σκληρά και σύντομα έγινε ικανός στρατιώτης. Το θάρρος και η αφοσίωσή του αναγνωρίστηκαν από τους ανωτέρους του και στάλθηκε στην πρώτη γραμμή.

Μια μέρα, κατά τη διάρκεια μιας σκληρής μάχης, ο Σαμ παρατήρησε έναν συνάδελφό του στρατιώτη τραυματισμένο και εγκλωβισμένο στη χώρα του κανενός. Χωρίς δεύτερη σκέψη, ο Σαμ όρμησε στο πεδίο της μάχης, ανάμεσα στις ιπτάμενες σφαίρες και τις εκρήξεις. Έφτασε στον τραυματισμένο στρατιώτη, τον σήκωσε στους ώμους του και τον μετέφερε πίσω στην ασφάλεια.

Τα νέα για τη γενναιότητα του Σαμ έφτασαν στο χωριό του. Ο Γιάννης, που περίμενε με αγωνία τα νέα του γιου του, κυριεύτηκε από περηφάνια. Ο γιος του, που φοβόταν ότι δεν θα επιζούσε από τη σκληρή ζωή ενός στρατιώτη, όχι μόνο είχε επιζήσει αλλά είχε γίνει ήρωας.

Από εκείνη την ημέρα και μετά, ο Σαμ χαιρετίστηκε ως πρωταθλητής του χωριού. Το αγόρι που είχε αψηφήσει τις πιθανότητες για να εκπληρώσει το όνειρό του είχε σώσει μια ζωή και είχε κερδίσει τον σεβασμό ολόκληρου του χωριού του. Και για τον Γιάννη, ο γιος του δεν ήταν απλώς ένας στρατιώτης, αλλά ένας αληθινός ήρωας.

7 Timmy and Rattouss

Once upon a time in a small town there lived a curious and kind-hearted boy named Timmy. Timmy had a unique friend, a little mouse named Rattouss.

Rattouss was no ordinary mouse. He was smart, brave and had a heart full of love for his friend Timmy. They met when Timmy caught Rattouss looking for food in his kitchen. Instead of being afraid, Timmy offered Rattouss some cheese. From that day on, a beautiful friendship developed between them.

Every day after school, Timmy rushed home to play with Rattouss. They shared stories, played hide-and-seek, and sometimes they just sat quietly and enjoyed each other's company. Timmy even built a little house for Rattouss in his room.

One winter, the town was hit by a severe snowstorm. Timmy became ill and was confined to bed. When his friend was in need, Rattouss decided to help. He remembered Timmy's mother talking about a special herb that could cure Timmy's illness. But it was on the top shelf of the kitchen cupboard, a place too high for Rattouss to reach.

Impatiently, Rattouss came up with a plan. He piled up some books, climbed on top of them, and with a great leap managed to reach the top shelf of the cupboard. He found the herb, carefully carried it down and gave it to Timmy's mother.

Thanks to the herb, Timmy recovered quickly. He was touched by Rattouss' bravery and thanked him for his help. From that day on, their bond grew even stronger. The whole town learned about their unique friendship and Rattouss' bravery.

And so the story of Timmy and Rattouss served as a reminder that friendship knows no boundaries, not even between a boy and a mouse.

7 Timmy και rattouss

Μια φορά κι έναν καιρό, σε μια μικρή πόλη ζούσε ένα περίεργο και καλόκαρδο αγόρι ονόματι Timmy. Ο Timmy είχε έναν μοναδικό φίλο, ένα μικρό ποντικάκι που λεγόταν Rattouss.

Ο Rattouss δεν ήταν ένα συνηθισμένο ποντίκι. Ήταν έξυπνος, γενναίος και είχε μια καρδιά γεμάτη αγάπη για τον φίλο του Timmy. Γνωρίστηκαν όταν ο Timmy βρήκε τον Rattouss να ψάχνει φαγητό στην κουζίνα του. Αντί να φοβηθεί, ο Timmy πρόσφερε στον Rattouss λίγο τυρί. Από εκείνη την ημέρα, μια όμορφη φιλία άνθισε μεταξύ τους.

Κάθε μέρα μετά το σχολείο, ο Timmy έτρεχε στο σπίτι για να παίξει με τον Rattouss. Μοιράζονταν ιστορίες, έπαιζαν κρυφτό και μερικές φορές απλώς κάθονταν ήσυχα, απολαμβάνοντας ο ένας τη συντροφιά του άλλου. Ο Timmy έχτισε ακόμη και ένα μικρό σπίτι για τον Rattouss στο δωμάτιό του.

Ένα χειμώνα, η πόλη χτυπήθηκε από σφοδρή χιονοθύελλα. Ο Timmy αρρώστησε και ήταν κλινήρης. Βλέποντας τον φίλο του σε στενοχώρια, ο Rattouss αποφάσισε να βοηθήσει. Θυμήθηκε τη μητέρα του Timmy να μιλούσε για ένα ειδικό βότανο που θα μπορούσε να θεραπεύσει την ασθένεια του Timmy. Αλλά ήταν στο πάνω ράφι του ντουλαπιού της κουζίνας, ένα μέρος πολύ ψηλό για τον Rattouss.

Απτόητος, ο Rattouss σκέφτηκε ένα σχέδιο. Στοίβαξε μερικά βιβλία, σκαρφάλωσε πάνω τους και με ένα μεγάλο άλμα κατάφερε να φτάσει στην κορυφή του ντουλαπιού. Βρήκε το βότανο, το έφερε προσεκτικά κάτω και το έδωσε στη μητέρα του Timmy.

Με τη βοήθεια του βοτάνου, ο Timmy ανέκαμψε γρήγορα. Συγκινήθηκε από τη γενναιότητα του Rattouss και τον ευχαρίστησε για τη βοήθειά του. Από εκείνη την ημέρα, ο δεσμός τους έγινε ακόμα πιο δυνατός. Ολόκληρη η πόλη έμαθε για τη μοναδική τους φιλία και τη γενναιότητα του Rattouss.

Και έτσι, η ιστορία του Timmy και του Rattouss χρησιμεύει ως υπενθύμιση ότι η φιλία δεν έχει όρια, ούτε καν ανάμεσα σε ένα αγόρι και ένα ποντίκι.

Thin but smart

8

Once upon a time, in a small town, there lived a skinny boy named Andrick. Andrick was a member of the school's soccer team. Despite his love for the game, he was often bullied by his teammates because of his thin stature and lack of strength.

One day, after a particularly tough training session, Andrick felt discouraged and decided to take a walk in the park to clear his head. As he was walking, he noticed a group of children playing chess. Intrigued, he approached them and asked if he could join in. The children welcomed him, and Andrick found himself engrossed in the game.

Days passed, and Andrick spent his afternoons learning and playing chess. He discovered that he had a talent for strategic thinking and planning moves in advance. His new friends were impressed by his skills and encouraged him to participate in the school's upcoming chess championship.

Andrick was hesitant at first, fearing ridicule from his soccer teammates. But he gathered his courage and decided to sign up for the championship. He spent hours every day practicing and sharpening his skills.

The day of the championship arrived. Andrick, his heart pounding, sat across from his opponent. As the game progressed, Andrick's strategic moves left everyone amazed. One by one, he defeated his opponents, and to everyone's surprise, he won the championship!

News of Andrick's victory spread throughout the school. His football teammates, who had once bullied him, were now impressed by his performance. Andrick had proven that physical strength was not the only measure of a person's abilities.

From that day on, Andrick was no longer the scrawny boy who was bullied. He was Andrick, the school's chess champion. His story served as a reminder to everyone that everyone has unique skills and talents that make them special.

17

8 Αδύνατη αλλά πιο έξυπνη

Μια φορά κι έναν καιρό, σε μια μικρή πόλη, ζούσε ένα αδύνατο αγόρι που το έλεγαν Άντρικ. Ο Άντρικ ήταν μέλος της ομάδας ποδοσφαίρου του σχολείου. Παρά την αγάπη του για το παιχνίδι, συχνά δεχόταν bullying από τους συμπαίκτες του για την αδύνατη σωματική του διάπλαση και την έλλειψη δύναμης.

Μια μέρα, μετά από μια ιδιαίτερα σκληρή εξάσκηση, ο Άντρικ ένιωσε απογοητευμένος και αποφάσισε να κάνει μια βόλτα στο πάρκο για να καθαρίσει το μυαλό του. Καθώς περπατούσε, παρατήρησε μια ομάδα παιδιών που έπαιζε σκάκι. Ενδιαφερόμενος, τους πλησίασε και τους ρώτησε αν μπορούσε να συμμετάσχει. Τα παιδιά τον καλωσόρισαν και ο Άντρικ βρέθηκε μπλεγμένος στο παιχνίδι.

Οι μέρες έγιναν εβδομάδες και ο Άντρικ περνούσε τα απογεύματά του μαθαίνοντας και παίζοντας σκάκι. Ανακάλυψε ότι είχε ταλέντο στη στρατηγική σκέψη και στον προγραμματισμό προχωρήσεων. Οι νέοι του φίλοι εντυπωσιάστηκαν από τις ικανότητές του και τον ενθάρρυναν να συμμετάσχει στο επερχόμενο σχολικό πρωτάθλημα σκακιού.

Ο Άντρικ ήταν διστακτικός στην αρχή, φοβούμενος τη γελοιοποίηση των συμπαικτών του ποδοσφαίρου. Μάζεψε όμως το θάρρος και αποφάσισε να δηλώσει συμμετοχή στο πρωτάθλημα. Περνούσε ώρες κάθε μέρα εξασκώντας και ακονίζοντας τις δεξιότητές του.

Έφτασε η μέρα του πρωταθλήματος. Ο Άντρικ, με την καρδιά του να χτυπάει δυνατά, κάθισε απέναντι από τον αντίπαλό του. Καθώς το παιχνίδι προχωρούσε, οι στρατηγικές κινήσεις του Andrick άφησαν τους πάντες με δέος. Ένας ένας νίκησε τους αντιπάλους του, και προς έκπληξη όλων κατέκτησε το πρωτάθλημα!

Η είδηση της νίκης του Άντρικ διαδόθηκε σε όλο το σχολείο. Οι συμπαίκτες του στο ποδόσφαιρο, που κάποτε τον εκφοβίζανε, τώρα ένιωσαν δέος για το επίτευγμά του. Ο Άντρικ είχε αποδείξει ότι η σωματική δύναμη δεν ήταν το μόνο μέτρο των ικανοτήτων ενός ατόμου.

Από εκείνη την ημέρα και μετά, ο Άντρικ δεν ήταν πλέον το αδύνατο αγόρι που δεχόταν bullying. Ήταν ο Άντρικ, ο πρωταθλητής του σχολείου στο σκάκι. Η ιστορία του λειτούργησε ως υπενθύμιση σε όλους ότι κάθε άτομο έχει μοναδικές δεξιότητες και ταλέντα που τον κάνουν ξεχωριστό.

9 Twitter and his mother

Once upon a time, in a dense forest, there lived a little bird named Tweet with his mother. One day, while learning to fly, Tweet fell and injured his wing. His mother, seeing him in pain, decided to seek help.

In a small hut on the edge of the forest lived an old woman known for her kindness and wisdom. She had the incredible ability to heal animals. Twitter's mother decided to take him there.

With Twitter carefully in her wings, his mother flew to the old woman's hut. When the two arrived, the old woman immediately understood. She gently took Twitter in her hands and examined his wing.

"Don't worry, little friend," she said gently to Twitter, "We'll let you fly again soon." For days, the old woman cared for Twitter, applying herbs and singing ancient healing songs. Twitter's wings, once limp and lifeless, began to gain strength. The old woman's care and his mother's love worked like magic.

One sunny morning, Chirp fluttered his wings. A big smile spread across the old woman's face as she saw him take a little flight across the room. Chirp's mother chirped with joy, her heart full of gratitude.

Finally, the day came when Tweety was ready to return to the forest. His mother thanked the old woman warmly for her help. The old woman simply smiled and said, "Take care of each other. That is the greatest thanks I could ever get." Tweety and his mother returned to their forest, their hearts full of joy and gratitude. From that day on, Tweety grew stronger and soon became the fastest flyer in the forest. And he always remembered the kindness of the old woman who had helped him in his time of need.

9   Ο Τσίρπι και η μητέρα του

Μια φορά κι έναν καιρό, σε ένα πυκνό δάσος, ζούσε ένα πουλάκι με το όνομα Τσίρπι με τη μητέρα του. Μια μέρα, ενώ μάθαινε να πετάει, ο Τσίρπι έπεσε και τραυμάτισε το φτερό του. Η μητέρα του, βλέποντάς τον να πονάει, αποφάσισε να ζητήσει βοήθεια.

Σε ένα μικρό εξοχικό σπίτι στην άκρη του δάσους ζούσε μια ηλικιωμένη γυναίκα γνωστή για την καλοσύνη και τη σοφία της. Ήταν γνωστό ότι είχε μια απίστευτη ικανότητα να θεραπεύει ζώα. Η μητέρα του Τσίρπι αποφάσισε να τον πάει εκεί.

Με την Τσίρπυ φωλιασμένη προσεκτικά στα φτερά της, η μητέρα του πέταξε στο εξοχικό της γριάς. Η γριά, βλέποντάς τους να φτάνουν, κατάλαβε αμέσως. Πήρε απαλά τον Τσίρπι στα χέρια της και εξέτασε το φτερό του.

«Μην ανησυχείς, μικρή», είπε απαλά στην Τσίρπυ, «Θα σε πετάξουμε σε χρόνο μηδέν». Για μέρες, η ηλικιωμένη γυναίκα φρόντιζε την Τσίρπυ, εφαρμόζοντας βότανα και τραγουδώντας αρχαία τραγούδια θεραπείας. Η μητέρα του Τσίρπι έμεινε δίπλα του, με την πίστη της ακλόνητη.

Αργά αλλά σταθερά, η Τσίρπι άρχισε να θεραπεύεται. Το φτερό του, κάποτε κουτσό και άψυχο, άρχισε να ανακτά δυνάμεις. Η φροντίδα της γριάς και η αγάπη της μητέρας του λειτούργησαν ως μαγικά.

Ένα ηλιόλουστο πρωινό, ο Τσίρπι χτύπησε τα φτερά του. Ένα πλατύ χαμόγελο απλώθηκε στο πρόσωπο της ηλικιωμένης γυναίκας καθώς τον είδε να διασχίζει μια μικρή πτήση από το δωμάτιο. Η μητέρα της Τσίρπυ κελαηδούσε χαρούμενα, η καρδιά της γέμισε ευγνωμοσύνη.

Τελικά, ήρθε η μέρα που η Τσίρπι ήταν έτοιμη να επιστρέψει στο δάσος. Η μητέρα του ευχαρίστησε θερμά τη γριά για τη βοήθειά της. Η ηλικιωμένη γυναίκα απλά χαμογέλασε και είπε: "Να προσέχετε ο ένας τον άλλον. Αυτό είναι το μεγαλύτερο ευχαριστώ που θα μπορούσα να λάβω ποτέ." Ο Τσίρπι και η μητέρα του επέστρεψαν στο δάσος τους, με τις καρδιές τους γεμάτες χαρά και ευγνωμοσύνη. Από εκείνη την ημέρα και μετά, ο Chirpy έγινε πιο δυνατός και σύντομα έγινε ο πιο γρήγορος ιπτάμενος στο δάσος. Και θυμόταν πάντα την καλοσύνη της γριάς που τον είχε βοηθήσει την ώρα της ανάγκης του.

The Story of Whiskers and Willow

Whiskers, a curious tabby cat, roamed the neighborhood streets until she came across Willow, a lonely girl sitting under a willow tree. Willow's teary eyes met Whiskers' gentle gaze, and from that moment on they became inseparable friends. They explored the world together, chased butterflies, and shared secrets. Willow taught Whiskers to trust people, and Whiskers showed Willow the beauty of nature. Their friendship was a bond that transcended species, proving that love knows no boundaries.

Η ιστορία με τα μουστάκια και την ιτιά

10

Οι μουστάκια, μια περίεργη τιγρέ γάτα, τριγυρνούσε στους δρόμους της γειτονιάς μέχρι που έπεσε πάνω στην Willow, ένα μοναχικό κορίτσι που καθόταν κάτω από μια ιτιά. Τα δακρυσμένα μάτια της Γουίλοου συνάντησαν το απαλό βλέμμα του Γουίσκερς και από εκείνη τη στιγμή έγιναν αχώριστοι φίλοι. Εξερευνούσαν τον κόσμο μαζί, κυνηγώντας πεταλούδες και μοιράζοντας μυστικά. Ο Willow δίδαξε στους Whiskers να εμπιστεύονται τους ανθρώπους και ο Whiskers έδειξε στον Willow την ομορφιά της φύσης. Η φιλία τους ήταν ένας δεσμός που ξεπερνούσε τα είδη, αποδεικνύοντας ότι η αγάπη δεν γνωρίζει σύνορα.

The Adventures of Sam and Scout

11

In the heart of the forest lived Sam, a young boy with a wild spirit, and Scout, a playful fox cub. Despite their differences, they formed an unbreakable bond. Together they shared exciting adventures, climbing trees and splashing in streams. Sam learned the ways of the forest from Scout, while Scout discovered the joy of human company. Their friendship blossomed under the canopy of the trees, proving that true friends find each other in the most unexpected places.

Οι περιπέτειες του Σαμ και του Σκάουτ

Στην καρδιά του δάσους ζούσαν ο Σαμ, ένα νεαρό αγόρι με άγριο πνεύμα, και ο Σκάουτ, ένα παιχνιδιάρικο αλεπού. Παρά τις διαφορές τους, δημιούργησαν έναν άρρηκτο δεσμό. Μαζί, ξεκίνησαν συναρπαστικές περιπέτειες, σκαρφαλώνοντας σε δέντρα και πιτσιλίζοντας σε ρυάκια. Ο Σαμ έμαθε τους τρόπους του δάσους από τον Σκάουτ, ενώ ο Σκάουτ ανακάλυψε τη χαρά της συντροφιάς με έναν άνθρωπο. Η φιλία τους άνθισε κάτω από τον θόλο των δέντρων, αποδεικνύοντας ότι οι αληθινοί φίλοι βρίσκουν ο ένας τον άλλον στα πιο απροσδόκητα μέρη.

12 Leo and Lily

Leo, a mischievous squirrel, lived in a cozy treehouse nestled in the branches of an oak tree. One sunny day, he met Lily, a kind-hearted girl with a passion for gardening. While Lily tended to her flowers, Leo watched from above, fascinated by her gentle touch. They soon became close friends, with Lily sharing her love of nature and Leo showing her the wonders of the treetops. Together, they created a garden paradise where friendship blossomed like the petals of a flower.

12 Λέων και Λίλι

Ο Λέο, ένας άτακτος σκίουρος, ζούσε σε ένα άνετο δεντρόσπιτο φωλιασμένο στα κλαδιά μιας βελανιδιάς. Μια ηλιόλουστη μέρα, συνάντησε τη Λίλι, ένα καλόκαρδο κορίτσι με πάθος για την κηπουρική. Καθώς η Λίλι πρόσεχε τα λουλούδια της, ο Λίο παρακολουθούσε από ψηλά, ενθουσιασμένος από το απαλό άγγιγμα της. Σύντομα, έγιναν γρήγοροι φίλοι, με τη Λίλι να μοιράζεται την αγάπη της για τη φύση και τον Λέο να της δείχνει τα θαύματα των κορυφών των δέντρων. Μαζί, δημιούργησαν έναν παράδεισο στον κήπο όπου η φιλία άνθισε σαν τα πέταλα ενός λουλουδιού.

The secret pact between Finn and Freya

Finn, a lonely boy with a heart full of dreams, came across Freya, a majestic wolf cub, while wandering through the forest. Despite his initial fear, Finn sensed a kindred spirit in Freya's compassionate eyes. They made a secret pact to explore the world together and forged a bond that would withstand any obstacle. Through their adventures, Finn learned the meaning of courage while Freya discovered the power of trust. Their friendship was a testament to the strength found in unlikely companions.

13   Το μυστικό σύμφωνο
Φιν και Φρέγια

Ο Φιν, ένα μοναχικό αγόρι με καρδιά γεμάτη όνειρα, έπεσε πάνω στη Φράγια, ένα μεγαλοπρεπές κουτάβι λύκου, ενώ περιπλανήθηκε στο δάσος. Παρά τον αρχικό του φόβο, ο Φιν ένιωσε ένα συγγενικό πνεύμα στα έμψυχα μάτια της Φράγια. Έκαναν μια μυστική συμφωνία για να εξερευνήσουν τον κόσμο μαζί, σφυρηλατώντας έναν δεσμό που θα άντεχε σε κάθε εμπόδιο. Μέσα από τις περιπέτειές τους, ο Finn έμαθε τη σημασία του θάρρους, ενώ η Freya ανακάλυψε τη δύναμη της εμπιστοσύνης. Η φιλία τους ήταν απόδειξη της δύναμης που βρίσκονταν σε απίθανους συντρόφους.

14 Max and Momo

Max, a spirited golden retriever, ran through the park with endless energy until he met Momo, a shy rabbit hiding in the bushes. With a wagging tail and a friendly bark, Max invited Momo to join him on his adventures. Together they raced across fields and chased butterflies, their laughter filling the air. Max showed Momo the joys of friendship while Momo taught Max the value of patience and gentleness. Their friendship was a reminder that sometimes the best friends come in the smallest packages.

14   **Μαξ και Μόμο**

Ο Μαξ, ένα ζωηρό γκόλντεν ριτρίβερ, διέσχιζε το πάρκο με ατελείωτη ενέργεια μέχρι που συνάντησε τον Μόμο, ένα ντροπαλό κουνέλι που κρυβόταν στους θάμνους. Με ένα κούνημα της ουράς του και ένα φιλικό γάβγισμα, ο Μαξ κάλεσε τον Μόμο να τον συνοδεύσει στις περιπέτειές του. Μαζί, έτρεξαν στα χωράφια και κυνηγούσαν πεταλούδες, με το γέλιο τους να γεμίζει τον αέρα. Ο Μαξ έδειξε στη Μόμο τις χαρές της φιλίας, ενώ ο Μόμο δίδαξε στον Μαξ την αξία της υπομονής και της ευγένειας. Η φιλία τους ήταν μια υπενθύμιση ότι μερικές φορές οι καλύτεροι φίλοι έρχονται με τις πιο μικρές συσκευασίες.

15 The Fisherman's Gift

Once upon a time, in a small coastal village, there lived a humble fisherman named Pedro. Every day he sailed out to sea, hoping for a good catch to feed his family. One day, he caught a large, unusual-looking fish. Curious, he brought it home.

At home, his curious daughter Maria insisted on helping him clean the fish. When they opened the fish, they found something glittering inside. It was a big, beautiful diamond! They were amazed by the unexpected treasure.

Pedro, a wise and loving father, saw this as an opportunity. He gave the diamond to Maria and said: "This is a gift from the sea, my love. Let's sell it and use the money for your education." Maria was overjoyed. She knew that education was the key to a better life. The diamond was sold and the money was actually enough to send Maria to school.

Years later, Maria became a successful doctor, helping not only her family but also the entire village. She always remembered the diamond from the fish, the precious gift that had changed her life. And she was forever grateful to her father, the humble fisherman, who had given her the greatest gift of all - the gift of knowledge.

15 Το δώρο του ψαρά

Μια φορά κι έναν καιρό, σε ένα μικρό παραθαλάσσιο χωριό, ζούσε ένας ταπεινός ψαράς ονόματι Πέδρο. Κάθε μέρα, έπλεε στη θάλασσα, ελπίζοντας σε ένα καλό ψάρεμα για να ταΐσει την οικογένειά του. Μια μέρα, έπιασε ένα μεγάλο, ασυνήθιστο ψάρι. Ενδιαφερόμενος, το έφερε στο σπίτι.

Στο σπίτι, η περίεργη κόρη του, Μαρία, επέμενε να τον βοηθήσει να καθαρίσει τα ψάρια. Καθώς άνοιξαν το ψάρι, βρήκαν κάτι που αστράφτει μέσα. Ήταν ένα μεγάλο, όμορφο διαμάντι! Έμειναν έκπληκτοι από τον απροσδόκητο θησαυρό.

Ο Πέδρο, όντας σοφός και στοργικός πατέρας, το είδε αυτό ως ευκαιρία. Έδωσε το διαμάντι στη Μαρία, λέγοντας: «Αυτό είναι δώρο από τη θάλασσα, καλή μου. Ας το πουλήσουμε και ας χρησιμοποιήσουμε τα χρήματα για την εκπαίδευσή σου». Η Μαρία ήταν πανευτυχής. Ήξερε ότι η εκπαίδευση ήταν το κλειδί για μια καλύτερη ζωή. Το διαμάντι πουλήθηκε και τα χρήματα ήταν πράγματι αρκετά για να πάει η Μαρία στο σχολείο.

Χρόνια αργότερα, η Μαρία έγινε επιτυχημένη γιατρός, βοηθώντας όχι μόνο την οικογένειά της αλλά και ολόκληρο το χωριό. Πάντα θυμόταν το διαμάντι από το ψάρι, το πολύτιμο δώρο που της είχε αλλάξει τη ζωή. Και ήταν για πάντα ευγνώμων στον πατέρα της, τον ταπεινό ψαρά που της είχε κάνει το μεγαλύτερο δώρο όλων - το δώρο της γνώσης.

16 The young genius

In a small town called Azamour, there lived a young boy named Camara. Camara was not like the other children; he was a genius. He loved tinkering with machines and had a knack for understanding how things worked. One day, the town's water supply system broke down. The town depended on this system for all of its water needs, and without it, they were in serious trouble. The adults tried to fix it, but it was too complex.

Camara, seeing the city's dilemma, decided to help. He spent days and nights studying the system, drawing diagrams and building models. He realized that the system needed a new component to regulate the water flow, which he decided to build.

Using spare parts from his own collection, Camara created a tool that could repair the system. It was a small device, but it was complicated and sophisticated. He presented it to the mayor of the city, who was skeptical but desperate.

With the help of the town's mechanic, Camara installed the device. To everyone's surprise, the water supply system started working again! The town was saved, and Camara became a hero.

From that day on, Camara was not just the young genius; he was the young genius who had saved the city. His tool had not just fixed a machine; it had brought hope and joy to the people of Azamour.

16   Η νεαρή ιδιοφυΐα

Σε μια μικρή πόλη ονόματι Azamour, ζούσε ένα νεαρό αγόρι που ονομαζόταν Camara. Η Καμάρα δεν ήταν σαν τα άλλα παιδιά. ήταν ιδιοφυΐα. Του άρεσε να ασχολείται με τις μηχανές και είχε την ικανότητα να κατανοεί πώς λειτουργούσαν τα πράγματα.

Μια μέρα, το σύστημα ύδρευσης της πόλης χάλασε. Η πόλη εξαρτιόταν από αυτό το σύστημα για όλες τις ανάγκες της σε νερό και χωρίς αυτό, αντιμετώπιζαν σοβαρά προβλήματα. Οι ενήλικες προσπάθησαν να το φτιάξουν, αλλά ήταν πολύ περίπλοκο.

Η Καμάρα, βλέποντας τη δύσκολη θέση της πόλης, αποφάσισε να βοηθήσει. Πέρασε μέρες και νύχτες μελετώντας το σύστημα, σχεδιάζοντας διαγράμματα και κατασκευάζοντας μοντέλα. Συνειδητοποίησε ότι το σύστημα χρειαζόταν ένα νέο εξάρτημα για τη ρύθμιση της ροής του νερού, το οποίο αποφάσισε να κατασκευάσει.

Χρησιμοποιώντας ανταλλακτικά από τη συλλογή του, ο Camara δημιούργησε ένα εργαλείο που θα μπορούσε να διορθώσει το σύστημα. Ήταν μια μικρή συσκευή, αλλά ήταν περίπλοκη και περίπλοκη. Το παρουσίασε στον δήμαρχο της πόλης, ο οποίος ήταν δύσπιστος αλλά απελπισμένος.

Με τη βοήθεια του μηχανικού της πόλης, η Camara εγκατέστησε τη συσκευή. Προς έκπληξη όλων, το σύστημα ύδρευσης άρχισε να λειτουργεί ξανά! Η πόλη σώθηκε και η Καμάρα έγινε ήρωας.

Από εκείνη την ημέρα και μετά, η Καμάρα δεν ήταν απλώς η νεαρή ιδιοφυΐα. ήταν η νεαρή ιδιοφυΐα που έσωσε την πόλη. Το εργαλείο του δεν έφτιαχνε απλώς μια μηχανή. έφερε ελπίδα και χαρά στους κατοίκους της Azamour.

The time traveler's dilemma

A brilliant scientist invents a time machine and embarks on a daring adventure through different eras of history. But when a malfunction catapults her uncontrollably through time, she finds herself trapped in a dangerous loop. Each jump takes her to a different era, from ancient civilizations to futuristic worlds, where she must adapt to survive. Along the way, she meets historical figures, experiences pivotal events, and unravels the mysteries of time travel. But as she tries to find a way back home, she realizes that her actions in the past could have disastrous consequences for the future.

17 Το δίλημμα του ταξιδιώτη στο χρόνο

Ένας λαμπρός επιστήμονας εφευρίσκει μια χρονομηχανή και ξεκινά μια τολμηρή περιπέτεια μέσα από διαφορετικές εποχές της ιστορίας. Ωστόσο, όταν μια δυσλειτουργία την προκαλεί ανεξέλεγκτα να τρέχει μέσα στο χρόνο, βρίσκεται παγιδευμένη σε έναν επικίνδυνο βρόχο. Κάθε άλμα την οδηγεί σε μια διαφορετική περίοδο, από αρχαίους πολιτισμούς έως φουτουριστικούς κόσμους, όπου πρέπει να προσαρμοστεί για να επιβιώσει. Στην πορεία, συναντά ιστορικά πρόσωπα, γίνεται μάρτυρας κομβικών γεγονότων και ξετυλίγει τα μυστήρια του ταξιδιού στο χρόνο. Καθώς όμως παλεύει να βρει έναν τρόπο επιστροφής στο σπίτι, συνειδητοποιεί ότι οι ενέργειές της στο παρελθόν θα μπορούσαν να έχουν καταστροφικές συνέπειες για το μέλλον.

18 The search for the Crystal Guardians

In a world threatened by darkness, a group of young heroes set out to find the legendary Crystal Guardians, primordial beings said to have the power to restore balance to the land. Armed with magical artifacts and guided by prophecies, they travel across vast landscapes, facing fearsome enemies and overcoming deadly challenges. Along the way, they form alliances with mystical creatures and wise sages who aid them in their quest. But as they move toward their goal, they must overcome their own fears and doubts, knowing that the fate of their world lies in their hands.

18 Η Αναζήτηση για τους Κρυστάλλινους Φύλακες

Σε έναν κόσμο που απειλείται από το σκοτάδι, μια ομάδα νεαρών ηρώων ξεκινά μια αναζήτηση για να βρει τους θρυλικούς Crystal Guardians, αρχαία όντα που λέγεται ότι έχουν τη δύναμη να αποκαταστήσουν την ισορροπία στη γη. Οπλισμένοι με μαγικά αντικείμενα και καθοδηγούμενοι από προφητείες, ταξιδεύουν σε τεράστια τοπία, αντιμετωπίζοντας τρομερούς εχθρούς και ξεπερνώντας θανατηφόρες προκλήσεις. Στην πορεία, συνάπτουν συμμαχίες με μυστικιστικά πλάσματα και σοφούς σοφούς που τους βοηθούν στην αναζήτησή τους. Καθώς όμως πλησιάζουν τον στόχο τους, πρέπει να αντιμετωπίσουν τους δικούς τους φόβους και αμφιβολίες, γνωρίζοντας ότι η μοίρα του κόσμου τους βρίσκεται στα χέρια τους.

19 The language of birds

Once upon a time, in a small village between the mountains and the sea, there lived a little girl named Fatina. Fatina was known in the village for her unique ability: she could talk to birds.

Every morning, Fatina woke up at sunrise and ran to the meadow just outside the village. There she began to babble in a language that no one else understood. To anyone watching, it seemed as if she was just chirping and whistling. But to the birds, she was speaking their language.

Fatina asked the birds about their adventures, the places they had seen and the secrets of the sky. In return, the birds sang to her about the world beyond the mountains, the vast oceans and the endless sky.

One day, a terrible storm hit the village. The winds were so strong that they ripped the roofs off houses and the rain flooded the streets. The villagers were scared and didn't know what to do.

Fatina knew she had to do something. She ran out into the meadow and called to the birds. She asked them to fly high above the clouds and direct the storm away from the village.

The birds understood Fatina's request. They flew into the sky, their wings beating against the wind. They circled around the storm and guided it away from the village. It was a hard fight, but finally the storm passed and the village was safe.

The villagers cheered Fatina and thanked her for saving them. From that day on, they no longer saw Fatina's ability as strange. Instead, they celebrated it, and Fatina became a valued member of the village.

And so the story of the little girl who could talk to birds became a legend in the village, a story told to each new generation, a reminder of the power of understanding and friendship.

19 Η γλώσσα των πουλιών

Μια φορά κι έναν καιρό, σε ένα μικρό χωριό φωλιασμένο ανάμεσα στο βουνό και τη θάλασσα, ζούσε ένα κοριτσάκι που το έλεγαν Φατίνα. Η Φατίνα ήταν γνωστή σε όλο το χωριό για τη μοναδική της ικανότητα: μπορούσε να μιλήσει σε πουλιά.

Κάθε πρωί, η Φατίνα ξυπνούσε τα χαράματα και έτρεχε στο λιβάδι λίγο έξω από το χωριό. Εκεί, θα άρχιζε να φλυαρεί σε μια γλώσσα που κανείς άλλος δεν καταλάβαινε. Σε όποιον την παρακολουθούσε, φαινόταν σαν να κελαηδούσε και να σφύριζε. Αλλά στα πουλιά, μιλούσε τη γλώσσα τους.

Η Φατίνα ρωτούσε τα πουλιά για τις περιπέτειές τους, για τα μέρη που είχαν δει και τα μυστικά του ουρανού. Σε αντάλλαγμα, τα πουλιά θα της τραγουδούσαν για τον κόσμο πέρα από τα βουνά, για τους απέραντους ωκεανούς και τον απέραντο ουρανό.

Μια μέρα, μια τρομερή καταιγίδα έπληξε το χωριό. Οι άνεμοι ήταν τόσο δυνατοί που έσπασαν τις στέγες από τα σπίτια και η βροχή πλημμύρισε τους δρόμους. Οι χωρικοί φοβήθηκαν και δεν ήξεραν τι να κάνουν.

Η Φατίνα ήξερε ότι έπρεπε να κάνει κάτι. Έτρεξε στο λιβάδι και φώναξε στα πουλιά. Τους ζήτησε να πετάξουν ψηλά πάνω από τα σύννεφα και να οδηγήσουν την καταιγίδα μακριά από το χωριό.

Τα πουλιά κατάλαβαν το αίτημα της Φατίνας. Πέταξαν ψηλά στον ουρανό, με τα φτερά τους να χτυπούν στον άνεμο. Έκαναν κύκλους γύρω από την καταιγίδα, οδηγώντας την μακριά από το χωριό. Ήταν μια σκληρή μάχη, αλλά τελικά, η καταιγίδα απομακρύνθηκε και το χωριό ήταν ασφαλές.

Οι χωριανοί επευφημούσαν τη Φατίνα και την ευχαρίστησαν που τους έσωσε. Από εκείνη τη μέρα και μετά, δεν έβλεπαν πλέον την ικανότητα της Φατίνας παράξενη. Αντίθετα, το γιόρτασαν και η Φατίνα έγινε αγαπητό μέλος του χωριού.

Και έτσι, η ιστορία του μικρού κοριτσιού που μπορούσε να μιλήσει στα πουλιά έγινε ένας θρύλος στο χωριό, ένα παραμύθι που αφηγείται σε κάθε νέα γενιά, μια υπενθύμιση της δύναμης της κατανόησης και της φιλίας.

The promise

Once upon a time, in a small town nestled in the heart of the mountains, there lived a young boy named Sami. Sami was an ordinary boy with an extraordinary promise. He had promised his mother to fulfill her unfulfilled dream of becoming a doctor.

Sami's mother had always dreamed of becoming a doctor and serving her community. However, due to circumstances beyond her control, she had to give up her dream. On her deathbed, she shared this unfulfilled dream with Sami. He promised her that he would fulfill her dream and become a doctor.

Sami knew the path would not be easy. He had to work hard, study long hours and make many sacrifices. But he was determined. He remembered his mother's words: "Sami, remember, the path to success is not easy, but the goal is worth the struggle." Every day, Sami got up early in the morning and started studying. He spent hours reading books, solving problems and learning new concepts. His friends often invited him to play, but he politely declined. He knew he had a promise to keep.

The years passed and it was time for Sami to take the medical entrance exam. He was nervous but prepared. He remembered his mother's dream and the promise he had made to her. This gave him the strength to face the exam.

When the results came out, Sami had passed the exam with flying colors and was accepted into the best medical school in the country. His hard work had paid off and he was one step closer to fulfilling his mother's dream.

Sami's journey to becoming a doctor was full of challenges and struggles. But he never gave up. He remembered his promise to his mother and the dream she had entrusted to him. This kept him going even in the most difficult times.

In the end, Sami became a successful doctor, serving his community as his mother had dreamed, keeping his promise and proving that with determination and hard work, even the most challenging goals can be achieved.

Η υπόσχεση

Μια φορά κι έναν καιρό, σε μια μικρή πόλη φωλιασμένη στην καρδιά των βουνών, ζούσε ένα νεαρό αγόρι που το έλεγαν Σάμι. Ο Σάμι ήταν ένα συνηθισμένο αγόρι με μια εξαιρετική υπόσχεση. Είχε υποσχεθεί στη μητέρα του ότι θα εκπλήρωνε το ανεκπλήρωτο όνειρό της να γίνει γιατρός.

Η μητέρα του Sami πάντα ήθελε να γίνει γιατρός και να υπηρετήσει την κοινότητά τους. Ωστόσο, λόγω συνθηκών πέρα από τον έλεγχό της, έπρεπε να εγκαταλείψει το όνειρό της. Στο νεκροκρέβατό της μοιράστηκε αυτό το ανεκπλήρωτο όνειρο με τον Σάμι. Της υποσχέθηκε ότι θα εκπλήρωνε το όνειρό της και θα γινόταν γιατρός.

Ο Σάμι ήξερε ότι το ταξίδι δεν θα ήταν εύκολο. Έπρεπε να δουλέψει σκληρά, να μελετήσει πολλές ώρες και να κάνει πολλές θυσίες. Ήταν όμως αποφασισμένος. Θυμήθηκε τα λόγια της μητέρας του, «Σάμι, να θυμάσαι, ο δρόμος προς την επιτυχία δεν είναι εύκολος, αλλά ο προορισμός αξίζει τον αγώνα». Κάθε μέρα, ο Σάμι ξυπνούσε νωρίς το πρωί και άρχιζε να μελετά. Περνούσε ώρες διαβάζοντας βιβλία, εξασκώντας προβλήματα και μαθαίνοντας νέες έννοιες. Οι φίλοι του τον προσκαλούσαν συχνά να παίξει, αλλά εκείνος αρνιόταν ευγενικά. Ήξερε ότι είχε μια υπόσχεση να τηρήσει.

Πέρασαν χρόνια και ήρθε η ώρα για τη Σάμι να δώσει τις εισαγωγικές εξετάσεις για την ιατρική. Ήταν νευρικός αλλά προετοιμασμένος. Θυμήθηκε το όνειρο της μητέρας του και την υπόσχεση που είχε δώσει. Αυτό του έδωσε τη δύναμη να αντιμετωπίσει τις εξετάσεις.

Όταν βγήκαν τα αποτελέσματα, ο Σάμι είχε περάσει τις εξετάσεις με μεγάλη επιτυχία. Έγινε δεκτός στην καλύτερη ιατρική σχολή της χώρας. Η σκληρή δουλειά του είχε αποδώσει και ήταν ένα βήμα πιο κοντά στην εκπλήρωση του ονείρου της μητέρας του.

Το ταξίδι του Sami για να γίνει γιατρός ήταν γεμάτο προκλήσεις και αγώνες. Ποτέ όμως δεν τα παράτησε. Θυμήθηκε την υπόσχεσή του στη μητέρα του και το όνειρο που του είχε εμπιστευτεί. Αυτό τον κράτησε ακόμα και στις πιο δύσκολες στιγμές.

Στο τέλος, ο Sami έγινε ένας επιτυχημένος γιατρός, υπηρετώντας την κοινότητά του όπως το ονειρευόταν η μητέρα του. Είχε εκπληρώσει την υπόσχεσή του, αποδεικνύοντας ότι με αποφασιστικότητα και σκληρή δουλειά μπορεί κανείς να πετύχει ακόμα και τους πιο απαιτητικούς στόχους.

21 The Friendly Doctor

In a small village, nestled between the mountains and the sea, there lived a kind-hearted doctor named Dr. Ahmed. He was not just any doctor; he was a doctor who had dedicated his life to serving the poor.

Dr. Ahmed was born into a wealthy family and had the privilege of studying at the best medical schools. Yet he was deeply moved by the suffering of the poor people in his village. He saw how they often could not afford basic health services. This inspired him to become a doctor and help those who needed it most.

After completing his medical studies, Dr. Ahmed returned to his village. He set up a small clinic in his old family home. He welcomed everyone, regardless of their ability to pay. His door was always open to those in need.

News of Dr. Ahmed's kindness spread throughout the village and beyond. People came from far and wide to seek his help. He treated everyone with compassion and respect, regardless of whether they were rich or poor.

Dr. Ahmed worked tirelessly, often late into the night. He never turned anyone away. He often gave his patients medicines for free, knowing full well that they could not afford them. He even visited the homes of those who were too sick to come to his clinic.

Despite his tireless work and the challenges he faced, Dr. Ahmed never lost his kindness and compassion. He believed that everyone had the right to be healthy and live a life free from pain and suffering.

Dr. Ahmed's story is a testament to the power of kindness and compassion. He showed that one person can make a difference in the lives of many. His legacy continues to inspire others to serve their communities with kindness and compassion.

21 Ο ευγενικός γιατρός

Σε ένα μικρό χωριό, φωλιασμένο ανάμεσα στα βουνά και τη θάλασσα, ζούσε ένας καλόκαρδος γιατρός ονόματι Δρ. Αχμέτ. Δεν ήταν ένας οποιοσδήποτε γιατρός. ήταν ένας γιατρός που είχε αφιερώσει τη ζωή του στην εξυπηρέτηση των φτωχών.

Ο Δρ Ahmed γεννήθηκε σε μια πλούσια οικογένεια. Είχε το προνόμιο να σπουδάσει στις καλύτερες ιατρικές σχολές. Συγκινήθηκε όμως βαθιά από τα βάσανα των φτωχών του χωριού του. Είδε πώς πάλευαν να αντέξουν οικονομικά τη βασική υγειονομική περίθαλψη. Αυτό τον ενέπνευσε να γίνει γιατρός και να εξυπηρετήσει όσους έχουν ανάγκη.

Αφού ολοκλήρωσε τις ιατρικές του σπουδές, ο γιατρός Αχμέτ επέστρεψε στο χωριό του. Έφτιαξε μια μικρή κλινική στο παλιό οικογενειακό του σπίτι. Καλωσόρισε τους πάντες, ανεξάρτητα από την ικανότητά τους να πληρώσουν. Η πόρτα του ήταν πάντα ανοιχτή σε όσους είχαν ανάγκη.

Η είδηση της καλοσύνης του γιατρού Αχμέτ διαδόθηκε σε όλο το χωριό και όχι μόνο. Οι άνθρωποι έρχονταν από πολύ μακριά για να ζητήσουν τη βοήθειά του. Αντιμετώπιζε όλους με συμπόνια και σεβασμό, είτε ήταν πλούσιοι είτε φτωχοί.

Ο Δρ. Αχμέντ εργαζόταν ακούραστα, συχνά μέχρι αργά το βράδυ. Δεν απέστρεψε ποτέ κανέναν. Συχνά έδινε στους ασθενείς του φάρμακα δωρεάν, γνωρίζοντας ότι δεν μπορούσαν να τα αντέξουν οικονομικά. Επισκεπτόταν ακόμη και τα σπίτια εκείνων που ήταν πολύ άρρωστοι για να έρθουν στην κλινική του.

Παρά την ακούραστη δουλειά του και τις προκλήσεις που αντιμετώπισε, ο Δρ Ahmed δεν έχασε ποτέ την καλοσύνη και τη συμπόνια του. Πίστευε ότι όλοι άξιζαν να είναι υγιείς και να ζήσουν μια ζωή χωρίς πόνο και βάσανα.

Η ιστορία του Dr. Ahmed είναι μια απόδειξη της δύναμης της καλοσύνης και της συμπόνιας. Έδειξε ότι ένας άνθρωπος μπορεί να κάνει τη διαφορά στη ζωή πολλών. Η κληρονομιά του συνεχίζει να εμπνέει άλλους να υπηρετούν τις κοινότητές τους με καλοσύνη και συμπόνια.

22 The hardworking student

In the bustling city of Lisbon, there lived a young man named Tiago. He was a student who wanted to fulfill his dream of becoming an engineer. But unlike many of his peers, Tiago had to work to finance his studies.

Tiago came from a humble background. His parents, although supportive, could not afford to pay for his education. But Tiago was determined. He believed in the power of education and was willing to work hard to achieve his dreams.

Every morning, Tiago got up before dawn. He worked in a local bakery, kneading dough and baking bread. The work was hard and the hours were long, but Tiago never complained. He knew that every loaf of bread he baked was a step closer to his dream.

After his shift at the bakery, Tiago rushed to the university. He attended lectures, participated in group projects and studied hard. Despite his busy schedule, Tiago always found time to help his fellow students. His perseverance and dedication earned him the respect of his fellow students and professors.

In the evening, Tiago returned home, tired but satisfied. He spent the rest of the night studying, often falling asleep with his books open. Despite the challenges, Tiago never lost sight of his goal.

Years later, Tiago's hard work paid off. He graduated with honors and became a successful engineer. He used his success to give back to his community by providing scholarships for students who, like him, had to work to finance their studies.

Tiago's story is a testament to the power of hard work and determination. His journey is an inspiration to all who dare to dream and proves that with perseverance, any challenge can be overcome.

Ο Εργατικός Μαθητής

Στην πολυσύχναστη πόλη της Λισαβόνας, ζούσε ένας νεαρός άνδρας ονόματι Τιάγκο. Ήταν φοιτητής και κυνηγούσε τα όνειρά του να γίνει μηχανικός. Ωστόσο, σε αντίθεση με πολλούς από τους συνομηλίκους του, ο Τιάγκο έπρεπε να εργαστεί για να χρηματοδοτήσει τις σπουδές του.

Ο Τιάγκο προερχόταν από ένα ταπεινό υπόβαθρο. Οι γονείς του, αν και τον υποστήριζαν, δεν είχαν την οικονομική δυνατότητα να πληρώσουν για την εκπαίδευσή του. Όμως ο Τιάγκο ήταν αποφασισμένος. Πίστευε στη δύναμη της εκπαίδευσης και ήταν πρόθυμος να εργαστεί σκληρά για να πετύχει τα όνειρά του.

Κάθε πρωί, ο Τιάγκο ξυπνούσε πριν ξημερώσει. Δούλευε σε ένα τοπικό αρτοποιείο, ζυμώνοντας ζύμη και ψήνει ψωμί. Η δουλειά ήταν σκληρή και οι ώρες ήταν πολλές, αλλά ο Τιάγκο δεν παραπονέθηκε ποτέ. Ήξερε ότι κάθε καρβέλι ψωμί που έψησε ήταν ένα βήμα πιο κοντά στο όνειρό του.

Μετά τη βάρδια του στο αρτοποιείο, ο Τιάγκο έτρεχε στο πανεπιστήμιο. Παρακολούθησε διαλέξεις, συμμετείχε σε ομαδικά έργα και μελέτησε επιμελώς. Παρά το εξαντλητικό του πρόγραμμα, ο Τιάγκο έβρισκε πάντα χρόνο για να βοηθήσει τους συμμαθητές του. Η επιμονή και η αφοσίωσή του κέρδισαν τον σεβασμό των συναδέλφων και των καθηγητών του.

Τα βράδια, ο Τιάγκο επέστρεφε στο σπίτι, κουρασμένος αλλά ικανοποιημένος. Περνούσε το υπόλοιπο της νύχτας μελετώντας, συχνά αποκοιμιόταν με ανοιχτά τα βιβλία του. Παρά τις προκλήσεις, ο Τιάγκο δεν έχασε ποτέ το στόχο του.

Χρόνια αργότερα, η σκληρή δουλειά του Τιάγκο απέδωσε καρπούς. Αποφοίτησε με άριστα και έγινε επιτυχημένος μηχανικός. Χρησιμοποίησε την επιτυχία του για να δώσει πίσω στην κοινότητά του, παρέχοντας υποτροφίες σε φοιτητές που, όπως αυτός, έπρεπε να εργαστούν για να χρηματοδοτήσουν τις σπουδές τους.

Η ιστορία του Tiago είναι μια απόδειξη της δύναμης της σκληρής δουλειάς και της αποφασιστικότητας. Το ταξίδι του λειτουργεί ως έμπνευση για όλους όσους τολμούν να ονειρεύονται, αποδεικνύοντας ότι με επιμονή μπορεί να ξεπεραστεί κάθε εμπόδιο.

23 The wise old tree

In a small village there stood an old tree. This was not just a tree, but a living and wise old tree. It had been there for hundreds of years and had witnessed the village's transformation from a tiny settlement to a bustling community.

The villagers loved the old tree. They often gathered under its wide branches to seek shade from the hot sun. Children played around it, their laughter echoing through the leaves. The tree was a silent observer, a constant presence in their lives.

One day, a young boy named Pedro approached the tree. He was sad because he had failed his exams. He felt like giving up and didn't know what to do. As he sat under the tree, he felt a calm come over him. He looked up and noticed the sturdy trunk of the tree and how it reached towards the sky.

Pedro realized that the tree had not grown big and strong overnight. It must have experienced storms, droughts and harsh winters. Nevertheless, it stood tall and strong, offering shelter and comfort to those who sought it. The tree was a symbol of resilience and perseverance.

Inspired by the tree, Pedro decided not to give up. He studied harder, sought help when he needed it, and did not let failures discourage him. Eventually, he passed his exams with flying colors. He realized that, like the tree, he could weather life's storms and become stronger.

From that day on, the villagers told the story of Pedro and the wise old tree. The tree became a symbol of wisdom, resilience and the power of perseverance. It reminded everyone that no matter what challenges they face, they can overcome them, just like the wise old tree.

23   Το σοφό παλιό δέντρο

Σε ένα μικρό χωριό, υπήρχε ένα γέρικο δέντρο. Αυτό δεν ήταν ένα οποιοδήποτε δέντρο, αλλά ένα ζωντανό και σοφό γέρικο δέντρο. Ήταν εκεί για εκατοντάδες χρόνια, παρακολουθώντας τη μετατροπή του χωριού από έναν μικροσκοπικό οικισμό σε μια πολυσύχναστη κοινότητα.

Οι χωρικοί αγαπούσαν το γέρικο δέντρο. Συχνά μαζεύονταν κάτω από τα φαρδιά κλαδιά του, αναζητώντας σκιά από τον καυτό ήλιο. Τα παιδιά έπαιζαν γύρω του, ενώ το γέλιο τους αντηχούσε μέσα από τα φύλλα. Το δέντρο ήταν ένας σιωπηλός παρατηρητής, μια συνεχής παρουσία στη ζωή τους.

Μια μέρα, ένα νεαρό αγόρι ονόματι Πέδρο πλησίασε το δέντρο. Ήταν αναστατωμένος γιατί είχε αποτύχει στις εξετάσεις του. Ένιωθε ότι ήθελε να τα παρατήσει και δεν ήξερε τι να κάνει. Καθώς καθόταν κάτω από το δέντρο, ένιωσε μια αίσθηση ηρεμίας να τον κυριεύει. Σήκωσε το βλέμμα του και παρατήρησε τον γερό κορμό του δέντρου και τον τρόπο που έφτανε προς τον ουρανό.

Ο Πέδρο συνειδητοποίησε ότι το δέντρο δεν είχε ψηλώσει και δεν είχε δυναμώσει μέσα σε μια νύχτα. Πρέπει να αντιμετώπισε καταιγίδες, ξηρασίες και σκληρούς χειμώνες. Ωστόσο, στάθηκε ψηλά, παρέχοντας καταφύγιο και άνεση σε όσους το αναζήτησαν. Το δέντρο ήταν σύμβολο ανθεκτικότητας και επιμονής.

Εμπνευσμένος από το δέντρο, ο Pedro αποφάσισε να μην τα παρατήσει. Μελέτησε πιο σκληρά, αναζήτησε βοήθεια όταν τη χρειαζόταν και δεν άφησε την αποτυχία να τον αποτρέψει. Τελικά, πέρασε τις εξετάσεις του με μεγάλη επιτυχία. Συνειδητοποίησε ότι, όπως το δέντρο, μπορούσε να αντέξει τις καταιγίδες της ζωής και να δυναμώσει.

Από εκείνη τη μέρα και μετά, οι κάτοικοι του χωριού έλεγαν την ιστορία του Πέδρο και του σοφού ηλικιωμένου δέντρου. Το δέντρο έγινε σύμβολο σοφίας, ανθεκτικότητας και δύναμης επιμονής. Θύμιζε σε όλους ότι όποιες προκλήσεις κι αν αντιμετώπιζαν, μπορούσαν να τις ξεπεράσουν, όπως το σοφό γέρικο δέντρο.

24 The friendly crocodile

Once upon a time, in a small village by the river, there lived a friendly crocodile named Kibo. Unlike other crocodiles, Kibo was kind and had a big heart. He loved the villagers, and they loved him back.

The river was wide and fast, making it difficult for the villagers to cross. They had to take a long detour to get to the other side, which was time-consuming and tiring. Kibo saw their plight and decided to help.

One day, Kibo approached the villagers and offered to carry them across the river on his back. The villagers were hesitant at first, as crocodiles were considered dangerous. But Kibo assured them of his intentions. "I promise to keep you safe," he said.

The next day, a brave girl named Mala decided to accept Kibo's offer. She climbed onto Kibo's back and he swam gently across the river. Mala was delighted and grateful. News of Kibo's kindness spread quickly.

From that day on, Kibo became the villagers' personal ferry. He carried them across the river and saved them time and effort. The villagers were no longer afraid of him, but saw him as a friend and helper.

Kibo's kindness changed the way the villagers viewed crocodiles. They realized that not all crocodiles were dangerous and that some, like Kibo, were friendly and helpful. Kibo's story spread to neighboring villages, and he became a symbol of kindness and friendship.

And so Kibo, the friendly crocodile, lived happily, helping villagers and spreading kindness wherever he went. His story is a reminder that kindness can change perceptions and build bridges of friendship.

24 Ο ευγενικός κροκόδειλος

Μια φορά κι έναν καιρό, σε ένα μικρό χωριό δίπλα στο ποτάμι, ζούσε ένας ευγενικός κροκόδειλος που λεγόταν Κίμπο. Σε αντίθεση με άλλους κροκόδειλους, ο Kibo ήταν φιλικός και είχε μεγάλη καρδιά. Αγαπούσε τους χωριανούς και τον αγάπησαν πίσω.

Το ποτάμι ήταν πλατύ και γρήγορο, δυσκολεύοντας τη διέλευση των χωρικών. Χρειάστηκε να κάνουν μια μεγάλη παράκαμψη για να φτάσουν στην άλλη πλευρά, η οποία ήταν χρονοβόρα και κουραστική. Ο Kibo είδε τον αγώνα τους και αποφάσισε να βοηθήσει.

Μια μέρα, ο Κίμπο πλησίασε τους χωρικούς και προσφέρθηκε να τους μεταφέρει στην πλάτη του στο ποτάμι. Οι χωρικοί ήταν διστακτικοί στην αρχή, καθώς οι κροκόδειλοι ήταν γνωστό ότι ήταν επικίνδυνοι. Αλλά ο Κίμπο τους διαβεβαίωσε για τις προθέσεις του. «Υπόσχομαι να σε κρατήσω ασφαλή», είπε.

Την επόμενη μέρα, μια γενναία νεαρή κοπέλα ονόματι Mala αποφάσισε να δεχτεί την προσφορά του Kibo. Ανέβηκε στην πλάτη του Κίμπο και εκείνος κολύμπησε απαλά πέρα από το ποτάμι. Η Μάλα ήταν ενθουσιασμένη και ευγνώμων. Τα λόγια διαδόθηκαν γρήγορα για την καλοσύνη του Kibo.

Από εκείνη την ημέρα και μετά, το Kibo έγινε το προσωπικό πλοίο των χωρικών. Θα τους μετέφερε πέρα από το ποτάμι, γλιτώνοντάς τους χρόνο και προσπάθεια. Οι χωρικοί δεν τον φοβόντουσαν πια αλλά τον έβλεπαν σαν φίλο και βοηθό.

Η καλοσύνη του Kibo άλλαξε τον τρόπο που οι χωρικοί έβλεπαν τους κροκόδειλους. Συνειδητοποίησαν ότι δεν ήταν όλοι οι κροκόδειλοι επικίνδυνοι και ότι κάποιοι, όπως ο Kibo, ήταν ευγενικοί και εξυπηρετικοί. Η ιστορία του Kibo εξαπλώθηκε σε κοντινά χωριά και έγινε σύμβολο καλοσύνης και φιλίας.

Κι έτσι, ο Κίμπο, ο ευγενικός κροκόδειλος, έζησε τις μέρες του ευτυχισμένος, βοηθώντας τους χωρικούς και σκορπώντας καλοσύνη όπου κι αν πήγαινε. Η ιστορία του χρησιμεύει ως υπενθύμιση ότι η καλοσύνη μπορεί να αλλάξει τις αντιλήψεις και να χτίσει γέφυρες φιλίας.

25   The merchant's apprentice

In the bustling city of Marrakesh there lived a merchant named Karim, known for his thriving spice business and his generous heart.
One day, Karim noticed a beggar named Idris in the heart of the market. Idris was always in the same place, his clothes worn out and his eyes filled with dreams of a better life.
Touched by Idris' situation, Karim offered him a proposition: "Idris, I see a fire in you. Instead of giving you coins, I want to offer you something more valuable - knowledge. Would you like to learn the art of trading?" Idris, surprised and hopeful, accepted Karim's offer. He became Karim's apprentice and learned the intricacies of the spice trade. Karim taught Idris how to negotiate, build customer relationships and manage finances. Eventually, Idris opened his own small stall in the market, selling spices that Karim had helped him source. He worked diligently and applied the skills he had learned from Karim, and his business began to grow.
Years later, Idris became one of the wealthiest traders in Marrakech. He was no longer a beggar, but a respected businessman. Grateful for Karim's guidance, he decided to pay it forward. He began helping other beggars in the city, teaching them the skills they needed to improve their lives.
The story of the merchant who helped a beggar become rich spread throughout Marrakesh, inspiring others to help those in need. And so Idris' life came full circle, from a beggar on the street to a merchant who encouraged others, just as Karim had encouraged him.

Ο μαθητευόμενος του εμπόρου

Στη ζωντανή πόλη του Μαρακές, ζούσε ένας έμπορος ονόματι Καρίμ, γνωστός για την ακμάζουσα επιχείρηση μπαχαρικών και τη γενναιόδωρη καρδιά του.

Μια μέρα, στην καρδιά της αγοράς, ο Καρίμ παρατήρησε έναν ζητιάνο ονόματι Ίντρις. Ο Ίντρις ήταν πάντα στο ίδιο σημείο, τα ρούχα του φορεμένα και τα μάτια του γέμισαν όνειρα για μια καλύτερη ζωή.

Συγκινημένος από την κατάσταση του Ίντρις, ο Καρίμ του πρόσφερε μια πρόταση: "Ίντρις, βλέπω μια σπίθα σε σένα. Αντί να σου δώσω νομίσματα, θέλω να σου προσφέρω κάτι πιο πολύτιμο - γνώση. Θα ήθελες να μάθεις την τέχνη του εμπορίου;" Ο Ίντρις, έκπληκτος και αισιόδοξος, δέχτηκε την πρόταση του Καρίμ. Έγινε μαθητευόμενος του Καρίμ, μαθαίνοντας τις λεπτομέρειες του εμπορίου μπαχαρικών. Ο Karim δίδαξε στον Idris πώς να διαπραγματεύεται, να χτίζει σχέσεις με τους πελάτες και να διαχειρίζεται τα οικονομικά.

Τελικά, ο Idris ξεκίνησε το δικό του μικρό πάγκο στην αγορά, πουλώντας μπαχαρικά που τον βοήθησε να αποκτήσει ο Karim. Εργάστηκε επιμελώς, εφαρμόζοντας τις δεξιότητες που έμαθε από τον Καρίμ και η επιχείρησή του άρχισε να αναπτύσσεται.

Χρόνια αργότερα, ο Idris έγινε ένας από τους πιο εύπορους εμπόρους στο Μαρακές. Δεν ήταν πια ένας ζητιάνος αλλά ένας αξιοσέβαστος επιχειρηματίας. Ήταν ευγνώμων για την καθοδήγηση του Καρίμ και αποφάσισε να την πληρώσει. Άρχισε να βοηθά άλλους ζητιάνους στην πόλη, διδάσκοντάς τους τις δεξιότητες που χρειάζονταν για να βελτιώσουν τη ζωή τους.

Η ιστορία του εμπόρου που βοήθησε έναν ζητιάνο να γίνει πλούσιος εξαπλώθηκε σε όλο το Μαρακές, εμπνέοντας άλλους να δώσουν ένα χέρι βοήθειας σε όσους είχαν ανάγκη. Κι έτσι, η ζωή του Ίντρις έκανε τον κύκλο της, από ζητιάνος στους δρόμους σε έμπορο που ανέβαζε άλλους, όπως τον είχε ανεβάσει ο Καρίμ.

26 The gentle giant of Asarka

In the picturesque town of Asarka, there lived a man named Paulo. Paulo was an imposing figure, his height and broad shoulders made him stand out in any crowd. His appearance often unsettled the townspeople and caused them to keep their distance.

Despite his imposing stature, Paulo had a heart of gold. He was kind and gentle, always ready to lend a helping hand. But his appearance made people suspicious, and they often misunderstood his intentions.

One winter, Asarka was hit by a severe snowstorm. The town was covered with a thick blanket of snow, and the cold was unbearable. The townspeople were trapped in their homes and could not go out for food or firewood.

Paulo decided to use his strength and resilience to help. He went from house to house, clearing snow and bringing food and firewood. He worked tirelessly, braving the cold to make sure everyone was safe and warm.

When the storm finally passed, the townspeople came out of their homes, surprised to find their roads clear and supplies at their doors. When they learned that it was Paulo who had helped them, their fear and uncertainty turned to gratitude and admiration.

From that day on, Paulo was no longer the man everyone feared. He became the most popular man in Asarka, a true hero in their eyes. His kindness and bravery had won the hearts of the townspeople and proved that looks can often be deceiving.

26 Ο ευγενικός γίγαντας της Ασάρκα

Στη γραφική πόλη της Ασάρκα, ζούσε ένας άντρας ονόματι Πάουλο. Ο Πάουλο ήταν μια πανύψηλη φιγούρα, το ύψος και οι φαρδιοί ώμοι του τον έκαναν να ξεχωρίζει σε οποιοδήποτε πλήθος. Η εμφάνισή του συχνά φόβιζε τους κατοίκους της πόλης, με αποτέλεσμα να κρατούν αποστάσεις.

Παρά την επιβλητική του φιγούρα, ο Πάουλο είχε χρυσή καρδιά. Ήταν ευγενικός και ευγενικός, πάντα έτοιμος να δώσει ένα χέρι βοήθειας. Ωστόσο, η εμφάνισή του έκανε τους ανθρώπους επιφυλακτικούς και συχνά παρεξηγούσαν τις προθέσεις του.

Ένα χειμώνα, η Ασάρκα χτυπήθηκε από σφοδρή χιονοθύελλα. Η πόλη ήταν καλυμμένη σε μια χοντρή κουβέρτα χιονιού και το κρύο ήταν αφόρητο. Οι κάτοικοι της πόλης είχαν παγιδευτεί στα σπίτια τους, χωρίς να μπορούν να βγουν έξω για φαγητό ή καυσόξυλα.

Ο Πάουλο, με τη δύναμη και την αντοχή του, αποφάσισε να βοηθήσει. Πήγαινε από σπίτι σε σπίτι, καθάρισε το χιόνι και παρέδιδε τρόφιμα και καυσόξυλα. Εργάστηκε ακούραστα, αντέχοντας το κρύο, για να εξασφαλίσει ότι όλοι ήταν ασφαλείς και ζεστοί.

Όταν τελικά πέρασε η καταιγίδα, οι κάτοικοι της πόλης βγήκαν από τα σπίτια τους. Έμειναν έκπληκτοι βλέποντας τα μονοπάτια τους καθαρά και τις προμήθειες στα κατώφλια τους. Όταν έμαθαν ότι ήταν ο Πάουλο που τους είχε βοηθήσει, ο φόβος και η ανησυχία τους μετατράπηκαν σε ευγνωμοσύνη και θαυμασμό.

Από εκείνη την ημέρα και μετά, ο Πάουλο δεν ήταν πλέον ο άνθρωπος που όλοι φοβόντουσαν. Έγινε ο πιο αγαπημένος άντρας στην Asarka, ένας αληθινός ήρωας στα μάτια τους. Η καλοσύνη και η γενναιότητά του είχαν κερδίσει τις καρδιές των κατοίκων της πόλης, αποδεικνύοντας ότι η εμφάνιση μπορεί συχνά να είναι απατηλή.

The unusual frog

Once upon a time, in a small pond in the heart of a dense forest, there lived a frog named Fred. Unlike the other frogs, Fred was not green, but a vibrant purple. His unusual color made him stand out, and the other frogs often teased him for being different.

Fred felt lonely and wished he could fit in like the others. He didn't understand why he was born with such a strange color. But despite his feelings, Fred was a kind and gentle frog, always ready to help others.

One day, a terrible fire broke out in the forest. The animals panicked and ran in all directions. In the midst of the chaos, the young animals were separated from their parents.

Fred, with his bright purple color, was visible even through the thick smoke. He gathered all the hatchlings and led them to the safety of the pond. His strange color, which had once made him an outsider, was now their beacon of hope.

When the fire was finally put out, the animals found their young safe and unharmed, thanks to Fred. They realized that being different was not a bad thing. From that day on, Fred was no longer teased for his color. Instead, he was celebrated for his bravery and kindness.

And so the strange purple frog became the hero of the forest, loved and respected by all.

27   Ο Ασυνήθιστος Βάτραχος

Μια φορά κι έναν καιρό, σε μια μικρή λιμνούλα στην καρδιά ενός πυκνού δάσους, ζούσε ένας βάτραχος ονόματι Φρεντ. Σε αντίθεση με τους άλλους βατράχους, ο Φρεντ δεν ήταν πράσινος αλλά μια ζωντανή απόχρωση του μωβ. Το ασυνήθιστο χρώμα του τον έκανε να ξεχωρίζει και τα άλλα βατράχια τον πείραζαν συχνά επειδή ήταν διαφορετικός.

Ο Φρεντ ένιωθε μοναξιά και ευχόταν να μπορούσε να συνδυάζεται όπως οι άλλοι. Δεν καταλάβαινε γιατί γεννήθηκε με τόσο περίεργο χρώμα. Όμως, παρά τα συναισθήματά του, ο Φρεντ ήταν ένας ευγενικός και ευγενικός βάτραχος, πάντα έτοιμος να βοηθήσει τους άλλους.

Μια μέρα, μια τρομερή φωτιά ξέσπασε στο δάσος. Τα ζώα πανικοβλήθηκαν και έτρεξαν προς όλες τις κατευθύνσεις. Μέσα στο χάος, τα μωρά ζώα χωρίστηκαν από τους γονείς τους.

Ο Φρεντ, με το λαμπερό μωβ του χρώμα, φαινόταν ακόμα και μέσα από τον πυκνό καπνό. Μάζεψε όλα τα μωρά ζώα και τα οδήγησε στην ασφάλεια της λίμνης. Το παράξενο χρώμα του, που κάποτε τον είχε κάνει παρίας, ήταν τώρα ο φάρος της ελπίδας τους.

Όταν τελικά σβήστηκε η φωτιά, τα ζώα βρήκαν τα μωρά τους σώα και αβλαβή, χάρη στον Φρεντ. Συνειδητοποίησαν ότι τελικά το να είναι διαφορετικός δεν ήταν κακό. Από εκείνη την ημέρα και μετά, ο Φρεντ δεν κορόιδευαν πια για το χρώμα του. Αντίθετα, γιορτάστηκε για τη γενναιότητα και την καλοσύνη του.

Και έτσι, ο παράξενος, μωβ βάτραχος έγινε ο ήρωας του δάσους, αγαπητός και σεβαστός από όλους.

28 The Lost Treasure of El Dorado

In the dense rainforests of the Amazon, a group of explorers embark on a quest to find the legendary lost city of El Dorado. Led by a skilled archaeologist, they navigate dangerous terrain, encountering wild animals, hostile tribes, and natural disasters. Along the way, they discover ancient ruins and decipher cryptic clues that bring them closer to the golden city. But as they venture deeper into the jungle, they realize they are not alone, and someone else is also searching for the treasure. In a race against time and enemies, they must use all their skills and courage to claim the riches of El Dorado before it falls into the wrong hands.

28 Ο χαμένος θησαυρός του Ελ Ντοράντο

Στο πυκνό τροπικό δάσος του Αμαζονίου, μια ομάδα εξερευνητών ξεκινά μια αναζήτηση για να βρει τη θρυλική χαμένη πόλη του Ελ Ντοράντο. Με επικεφαλής έναν έμπειρο αρχαιολόγο, πλοηγούνται σε δόλια εδάφη, αντιμετωπίζοντας άγρια ζώα, εχθρικές φυλές και φυσικές καταστροφές. Στην πορεία, αποκαλύπτουν αρχαία ερείπια και αποκρυπτογραφούν κρυπτικές ενδείξεις που τους οδηγούν πιο κοντά στην πόλη του χρυσού. Αλλά καθώς τολμούν βαθύτερα στη ζούγκλα, συνειδητοποιούν ότι δεν είναι μόνοι και κάποιος άλλος αναζητά επίσης τον θησαυρό. Σε έναν αγώνα ενάντια στον χρόνο και τους αντιπάλους, πρέπει να χρησιμοποιήσουν όλες τις ικανότητες και το θάρρος τους για να διεκδικήσουν τα πλούτη του Ελ Ντοράντο πριν πέσει σε λάθος χέρια.

29 The Enchanted Forest

Deep in the heart of a mystical forest lies a hidden realm where magic reigns. A young adventurer, curious about the stories whispered by the villagers, decides to explore the enchanted forest. Armed only with a map and her wits, she encounters talking animals, enchanted plants, and ethereal creatures on her journey. As she ventures deeper into the forest, she discovers that each step reveals new wonders and challenges. Guided by the advice of ancient spirits, she must navigate enchanted puzzles and overcome trials to unlock the forest's secrets and reveal its ultimate riddle.

Το Μαγεμένο Δάσος

Βαθιά στην καρδιά ενός μυστικιστικού δάσους βρίσκεται ένα κρυμμένο βασίλειο όπου η μαγεία κυριαρχεί. Ένας νεαρός τυχοδιώκτης, περίεργος για τις ιστορίες που ψιθυρίζουν οι χωρικοί, αποφασίζει να εξερευνήσει το μαγεμένο δάσος. Οπλισμένη μόνο με έναν χάρτη και τα πνεύματά της, συναντά ζώα που μιλάνε, μαγεμένα φυτά και αιθέρια πλάσματα κατά τη διάρκεια του ταξιδιού της. Καθώς βυθίζεται βαθύτερα στο δάσος, ανακαλύπτει ότι κάθε βήμα αποκαλύπτει νέα θαύματα και προκλήσεις. Καθοδηγούμενη από την καθοδήγηση αρχαίων πνευμάτων, πρέπει να περιηγηθεί σε μαγεμένους γρίφους και να ξεπεράσει δοκιμασίες για να ξεκλειδώσει τα μυστικά του δάσους και να αποκαλύψει το απόλυτο μυστήριο του.

The Pirate's Curse

In the vast expanses of the Caribbean, a fearless pirate captain seeks to break the curse that plagues her crew. Legend has it that a powerful artifact hidden on a remote island holds the key to lifting the curse. With her loyal crew by her side, she embarks on a perilous journey marked by battles against rival pirates and encounters with mythical sea monsters. As they approach the cursed island, tensions rise and trust among the crew is tested. With danger around every corner, they must navigate treacherous waters and outwit ancient guardians to claim the artifact and break the curse before it's too late.

30   Η κατάρα του πειρατή

Στην απέραντη έκταση της Καραϊβικής, ένας ατρόμητος πειρατής καπετάνιος προσπαθεί να σπάσει την κατάρα που μαστίζει το πλήρωμά της. Ο θρύλος λέει ότι ένα ισχυρό τεχνούργημα, κρυμμένο σε ένα απομακρυσμένο νησί, κρατά το κλειδί για την άρση της κατάρας. Έχοντας το πιστό της πλήρωμα στο πλευρό της, ξεκινά ένα επικίνδυνο ταξίδι γεμάτο μάχες ενάντια σε αντίπαλους πειρατές και συναντήσεις με μυθικά θαλάσσια τέρατα. Καθώς πλησιάζουν το καταραμένο νησί, οι εντάσεις αυξάνονται και η εμπιστοσύνη μεταξύ του πληρώματος δοκιμάζεται. Με τον κίνδυνο να παραμονεύει σε κάθε στροφή, πρέπει να πλοηγηθούν στα απαίσια νερά και να ξεπεράσουν τους αρχαίους φύλακες για να διεκδικήσουν το τεχνούργημα και να σπάσουν την κατάρα πριν να είναι πολύ αργά.

Printed in Dunstable, United Kingdom

64174372R00037